はじめてでもかんたん！

小学生の
お菓子づくり

浜本彩香

成美堂出版

は じ め に

　皆さんは、おいしいお菓子は好きですか？ どんなお菓子が好きですか？

　ケーキやチョコレート、マドレーヌやマフィン、カップケーキ……。世の中には魅力的なお菓子がたくさん！

　もちろんお菓子屋さんでもおいしいお菓子は買えるけれど、この本は自分でお菓子を作ることをお手伝いする本です。

　キラキラきれいな色のフルーツ、生地をこねる手の感触、オーブンからただよう甘い香り、焼きたての生地のこんがりとした色合い。**お菓子作りには、ワクワクする瞬間がたくさんあります。それは手作りでしか味わえないすてきな体験です。**

　もちろん思いっきり失敗したり、ぶかっこうな形のものができちゃうこともあります。お菓子作

りって時にはちょっぴり難しい…（大人だって失敗しちゃいます！）。

　だからこそ、うまくいったときが最高に嬉しいのです。失敗した時のことなんて考えず、今度は何を作ろう？ とワクワクしはじめます。そして、そんなふうに心をこめて丁寧に作ったお菓子は、買ったお菓子とはまた違ったおいしさがやどるので不思議です。

　自分の手で作り出したお菓子を自分で食べたり、誰かに食べてもらうことはとても楽しい経験です。

　かんたんそうなものから作ってみるのも良いし、今一番食べたいものからチャレンジするのも良いかもしれません。

　自分の手でおいしくてかわいいお菓子が出来上がる楽しさをぜひ感じてみてくださいね！

浜本彩香

CONTENTS
もくじ

PART 1
まぜて作ってみよう!

PART 2
電子レンジ&トースターを使ってみよう!

PART 3
オーブンを使ってみよう！

PART 4
デコレーションしてみよう！

かわいいスイーツドリンク

調理器具について

本書で使用する主な調理器具です。
材料を切るキッチンばさみや包丁は、必ず自分の手のサイズに合ったものを使用しましょう。
また実際に調理に使うときは、加熱することでとても熱くなるものもあります。
取り扱いに注意しましょう！

キッチンばさみ

材料や袋の封を切ったりできます。使ったあとはきれいに洗って水気を取りましょう。

スプーン

材料をかきまぜたりすくったりできます。大きさは用途に合わせて使い分けましょう。

フォーク

材料をまぜたり、背で材料をつぶしたりもできます。模様をつけるときにも使います。

包丁

材料を切ったり皮をむいたりと、下ごしらえに欠かせない道具。けがには注意しましょう。

まな板

包丁で材料を切るときの台にする板。使った後はきれいに洗って乾かしましょう。

菜箸

調理や盛りつけに使うお箸で、手に熱が伝わらないよう木材や樹脂で作られています。

めん棒

生地をのばすための棒ですが、材料を砕くのにも使えます。木製のものが多いです。

ヘラ

材料をまぜ合わせるのに使います。本書では木ベラとシリコン製のゴムベラを使用します。

ホイッパー

材料を泡立てたり、まぜたりするときに使う道具です。泡立て器ともよばれています。

ハンドミキサー

電動で動くホイッパーです。高速で回転するため、かんたんに材料をまぜることができます。

スケッパー

生地を切ったりまぜたりするための薄いカード型の道具です。生地をまとめるのにも便利。

はけ

木やプラスチックの柄の先に毛が取り付けられた道具。食材に液状のものが塗れます。

パレットナイフ

刃が尖っていないナイフ。ケーキの表面のクリームを平らにすることができます。

回転台

天板が回転することで、スポンジケーキにクリームを均等に塗ることができます。

しぼり袋と口金

クリームをデコレーションしたり、クッキーなどの生地をしぼり出すことに使います。

ザル

材料の水気を切ったり、粉類をふるうために使います。持ち手があると便利です。

茶こし

本来はお茶をいれるときに使う道具。卵液をこしたり、粉糖をふるときなどに使います。

製氷皿

氷をたくさん作れるお皿。材料を注いで冷凍庫で固めます。いろいろなかたちがあります。

アイスディッシャー

アイスクリームをすくう道具。一定量、一定のかたちに盛りつけることができます。

型

お菓子のかたちのもととなる型。素材はアルミからシリコンまでいろいろあります。

ボウル

材料をまぜたり下味をつけたりできます。大きさの違うものが複数あると便利です。

耐熱ボウル

熱に強い素材で作られていて、材料を入れてそのまま電子レンジで加熱できます。

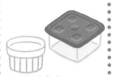

耐熱容器

熱に強い素材で作られたお皿や器です。説明書をよく読んで耐熱温度を確かめましょう。

抜き型

生地のかたちを整える枠。いろいろな型があるので、好きなものを使ってください。

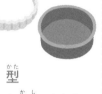

小皿

小さいサイズのお皿。盛りつけ、ソース作りなどに使用します。深めのものが便利です。

バット

角形で底が浅い容器。切った食材を並べたり、アイスを冷やし固めたりするのに使います。

アルミホイル

食材を加熱するときに使います。オーブンやトースターで使用できますが、レンジは使用不可。

ラップ

電子レンジでの加熱、保存などに使います。食材にかぶせたり、包んだりすることも。

クッキングシート

オーブンでお菓子を焼く際にしく紙のこと。生地のこびりつきを防ぐことができます。

キッチンペーパー

水や油をよく吸い取る調理用の紙。食材の水気を切ったり、油を塗るときに使います。

ジッパーつき保存袋

材料をまぜたり一時保存するときに便利な袋。ジッパーつきなので出し入れができます。

電子レンジ

火を使わず電気の力で加熱できる調理器具。時間と電力で火の通り方が変わります。

トースター

電気の熱で材料に熱を通す調理道具。パンを焼くほかにもいろいろな調理ができます。

オーブン

熱気と水蒸気を利用して、食品のなかまでしっかり火を通す箱型の調理器具です。

この本に出てくる主な材料

お菓子作りには、いろいろな材料が必要です。
まずはそれぞれの材料がどんなものなのかを知りましょう。
必要なものをすべて準備してから作り始めるとスムーズに作業が進むでしょう。

お好みのフルーツ（生・缶・冷凍）

生地に入れたり、トッピングにも使えます。色とりどりで見た目もかわいくできます。

ドライフルーツ・ナッツ

種類がたくさんあるので、お菓子に加えると食感や味わいがプラスされます。

お好みのジュース

果汁100％を使えば、しっかりした味のお菓子ができます。好きな味で作ってみましょう。

市販のお菓子

スーパーやお菓子屋さんで売っています。アレンジをすれば、自分だけのお菓子が完成。

スポンジケーキ

デコレーションケーキやパフェなどの土台になる、シンプルなケーキ。市販品です。

牛乳

生地の水分量を調節して固さを調えたり、コクや風味、なめらかさを加えます。

卵

熱が加わると固まる性質や、ふくらむ性質があります。コクや風味をプラスします。

バター

生地をサクサクの食感にしたり、ふくらませる効果があります。有塩と無塩があります。

グラニュー糖

サラサラとした砂糖です。お菓子作りではグラニュー糖を使うことが一般的です。

粉糖

グラニュー糖を細かくしたもので生地になじみやすい。デコレーションにも使います。

薄力粉

焼き菓子の主原料で形を保つ役割があります。粘りや弾力を生むグルテンを含みます。

ホットケーキミックス

本来はホットケーキを作るためのものですが、ほかのお菓子を作ることもできます。

ベーキングパウダー

焼き菓子やパンをふくらませるために使います。薄力粉と一緒にふるうことが多いです。

アーモンドプードル

アーモンドを砕いて粉末状にしたものです。生地にアーモンドの風味とコクがつきます。

純ココアパウダー

ココア味にするために使います。お菓子には砂糖などが入っていない純ココアを使います。

チョコレート

ブラックチョコレートやミルクチョコレートなどがあります。レシピに合わせて使います。

マシュマロ

焼いたり生地に練り込むことで、食感が変わります。色つきのものを使っても楽しい。

ホイップクリーム

クリームに空気を含ませて作られたクリーム。軽い食感となめらかさが特徴です。

生クリーム

生地に加えたり泡立てて使ったりします。脂肪分によって泡立ち方が違うので要注意。

クリームチーズ

牛乳とクリームから作られているチーズ。さわやかな酸味とミルクの風味が特徴。

コンデンスミルク

練乳のこと。いちごやヨーグルトにかけたり、アイスの材料にしたりします。

ヨーグルト

お菓子作りに使うと、ほどよい酸味のあるお菓子ができます。無糖と加糖があります。

ジャム

お菓子につけたり、生地に練り込んだりします。果実入りのものを使うとおいしさアップ。

パイシート

パイを作るための市販のシート。手軽にいろいろなパイが作れるのでアレンジしてみて。

ゼラチン

ゼリーを作るときに使います。液体を固めてくれます。板状と粉末状のタイプがあります。

はちみつ

ミツバチが作る天然の甘味料。乳児には危険なので絶対に食べさせないように!

メープルシロップ

カエデの仲間の樹々からとれるシロップ。ホットケーキやフレンチトーストにかけます。

バニラエッセンス

甘いバニラの香りをつけるときに数滴だけ使います。冷たいお菓子におすすめです。

食品用クエン酸

かんきつ類のすっぱい味がします。食品用じゃないものもあるのできちんと確認しましょう。

食品用重曹

生地をふくらませる力があります。クエン酸と合わせると炭酸ガスが出てきます。

コーンスターチ

サラサラとした細かい粉でとろみづけや焼き菓子に使います。ラムネの材料にも。

着色料

材料に色をつけるためのもの。カラフルなお菓子が作れます。たくさんの色があります。

お菓子作りの基本

おいしいお菓子作りには、マスターしておきたい基本がいろいろ。
包丁など危ないものを使うときは、大人の人といっしょに練習してみよう!

包丁の使い方

調理に欠かせない包丁。とても便利ですが、ちょっとの油断がケガのもとに!
安全に使うために正しい使い方を知りましょう。

ぬれぶきんをしこう!
調理中にまな板がすべるととても危険! まな板の下には固くしぼったぬれぶきんなどを入れて、すべらないようにしましょう。

ネコの手で切ろう!
手を丸めて食材に添え、指の第一関節が包丁の側面に当たるようにします。親指もきちんと曲げましょう。

危険な持ち方
包丁は柄の部分を手のひらで包むようにしっかりにぎることが大切! 刃の部分に指は近づけないようにしましょう。もちろん指はのばしてはいけません。

材料の切り方

色んなかたちや固さを持つフルーツたち。
包丁を上手に使えれば、とてもきれいなかたちに切れます。

[いちご]

ヘタをカット
きれいに洗ったあと、しっかりと水気を切ってヘタを切ります。いちごが転がらないように指で固定して包丁を入れましょう。

半分にカット
1個だと多い場合や断面を見せたいときには半分にしましょう。

縦にスライス
いちごが転がらないように指で固定して、薄く切っていきます。

おしゃれなハート形
半分に切ったいちごのヘタ側を左右斜めに切り落とせば、ハート形のいちごになります。

［ キウイ ］

1 切り込みを入れる

キウイのヘタにぐるりと一周切り込みを入れます。中心の芯は切り落とさないように。

2 ヘタと芯を取り除く

指でねじって、ヘタと芯を取り除きます。

3 反対部分を切る

反対側のお尻部分を薄く切り落とします。

4 縦に皮をむく

包丁の刃を皮と実の間に入れ、キウイの丸みに沿って刃を動かし、皮をむきます。

5 輪切りと半月切り

ネコの手でキウイをおさえ、約1㎝の幅で輪切りにしてみましょう。輪切りを真ん中で切れば半月切りになります。

［ りんご ］

1 縦半分に切る

りんごをよく洗い、上から芯を避けて縦に切ります。

2 4等分にする

断面を下にして半分に切れば、4等分になります。

3 芯を取り除く

芯の部分をV字に切り取ります。両側からななめに切り込みを入れて芯を取り除きましょう。

4 皮をむく

包丁の刃を皮と実の間に入れ、りんごの丸みに沿って刃を動かし、皮をむきます。

［ バナナ ］

輪切り

皮をむいたバナナをネコの手で軽く押さえながら、均等な厚みに切り落とします。

斜め切り

皮をむいたバナナをネコの手で軽く押さえながら、包丁を斜めに入れて切って行きます。

難しい人はピーラーを使ってみよう！ピーラーの刃を皮に押し当ててゆっくりと皮をむきます。

おろし器の使い方

野菜や果物をすりおろすのにとっても便利なおろし器。
刃が少し鋭いので、使うときは十分注意してすりおろしましょう。

ボウルがすべらないように下には必ず固くしぼったぬれぶきんをしきましょう。ボウルの上におろし器を置き、手でしっかりとおさえ、逆の手で野菜を円を描くようにゆっくりとすりおろします。急いですりおろすと、失敗や大きなケガのもとになってしまいます。

分量のはかり方

お菓子作りはしっかりと材料の分量をはかることがとても大切。
分量が間違っていると、せっかく作った生地が固まらなかったりと失敗のもとに!

[はかりの使い方]

表示は必ずゼロに
必ず平らな固いところに置きましょう。まずは空の器をはかりの真ん中にのせて、それからを表示を必ずゼロに設定しましょう。

材料を入れる
はかりの上に置いた器に材料をのせましょう。このとき、計りたい材料以外のものが接触しないようにします。

[計量カップの使い方]

必ず平らな場所に置く
液体は入れてからカップを平らな場所に置き、横から目盛りを見てはかりましょう。

[計量スプーンの使い方]

粉状の場合
砂糖など粉状のものは、計量スプーンに山盛りにしてからヘラなどで余分な部分を落とします。

液体の場合
液体はぎりぎりこぼれないところまで入れます。横から見て、少し盛り上がっているぐらいの量です。

ジッパーつき保存袋の使い方

ジッパーがついている袋です。
冷凍できないものもあるので、大人の人に聞いてみよう!

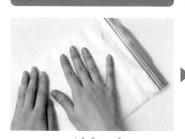 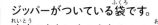 

できるだけ空気を抜く
材料を入れたら平らなところに置いて、おいしさを保つために空気を抜きましょう。

厚みを均等にする
バットの上などに置いて、袋の中身を均等の厚みに整えましょう。

常温にするやり方

常温とは大体20〜25℃で「熱くもなく冷たくもない温度」のことです。
常温にすることで砂糖や卵がきちんとまざります。

［ 卵 ］

日陰でそっと
部屋の日の当たらない場所にしばらく放置しましょう。日が当たる場所に置くと温度が上がってしまうことがあります。

ぬるま湯に漬ける
30℃くらいのぬるま湯に10〜15分漬けると早く常温になります。

［ バター ］

ラップをする
ボウルにバターを入れ、バターに密着するようにラップをしておきます。
分量が多いときは小さく切っておくと、早く常温になります。

指で押して確認を
親指で押し付けたときにへこむくらいが常温になったサインです。

卵の割り方

ついつい失敗しがちな卵の割り方。
余計な力を加えないことがポイント！

① 卵の真ん中、一番平らな部分を机など平らな場所に軽く打ちつけてヒビを入れましょう。

② 殻の割れ目に両手の親指を入れて、ゆっくりと左右に開きましょう。

③ そのまま卵を落とします。このとき、殻が入らないように気をつけましょう。

卵黄と卵白の分け方

殻を使って分けるのが難しかったら、
割ったあとにスプーンなどを使って取り分けても大丈夫！

① ボウルの上で卵を割り、片方の殻に卵黄が入るように移動します。

② 反対の殻に卵黄だけを移して卵白を切るようにボウルに落とします。

③ もう一度、卵黄を反対の殻に移して卵白をボウルに落とします。

④ ①〜③を何度か繰り返して、卵黄だけになったら別のボウルに入れます。

粉のふるい方

粉類は固まってダマになっていることがあります。
ふるうことでダマがなくなり、別の材料となじみやすくなります!

① ボウルの上にザルを持ち、その中に、粉類を入れます。複数の粉を合わせてふるうこともあります。

② ザルの側面を軽くトントンと叩いたり、左右に揺らしたりしてボウルに粉を落としていきます。

③ ザルの底面を軽くこすりながら、ダマになっている粉をボウルに落としていきます。

生地の休ませ方

生地には固形の生地と液体の生地の2種類があります。
それぞれしっかりラップをして冷蔵庫で冷やすことを「休ませる」と言います。

固形の生地

粘り成分が落ち着いて表面がなめらかになり、食感が良くなります。また、水分が行き渡ることで生地のムラがなくなります。生地がゆるくならないように、伸ばしてから休ませることもあります。

液体状の生地

砂糖やはちみつがしっかり溶けて生地が均等になります。また粘り成分が落ち着いて焼いたときにふんわりときれいにふくらませることができます。

チョコレートの溶かし方

いろいろなお菓子に使えるチョコレート。
加熱したあとはやけどしないように気をつけて!

①
細かく割る
手で小さく割ったチョコレートを耐熱ボウルに入れます。

②
電子レンジで加熱
ラップをせずに、電子レンジ(500W)で1〜1分30秒ほど加熱します。

③
手早くまぜる
固まらないように手早くまぜます。溶けきらない場合は10秒ずつ加熱して様子を見ましょう。

しぼり袋の使い方

クリームや生地をしぼるために必要な袋。
少し難しいけれど慣れればかんたん！ 使い方をしっかりおぼえましょう。

① 袋の先端をカット

しぼり袋の中に口金を入れます。口金の1/3程度が出るようにしぼり袋の先端をはさみで切り取ります。

② 口金をセット

口金をしぼり袋の先から出します。口金の位置より少し手前のしぼり袋をねじり、口金の中へ押し込みましょう。これで袋に詰めたものが流れ出ません。

③ 袋は外側に折り返す

コップなどに袋をはめます。あまった袋は外側に折り返しましょう。折り返さないと、上手にクリームなどを奥まで詰めることができません。

④ 先端に集める

クリームなどを詰めたら、ゆっくりと手で押し、先端にクリームを集めます。

⑤ しぼる

②でねじった口金の手前部分を戻します。口金が垂直になるようにしぼり袋を持ち、ゆっくりとしぼっていきます。

しぼり方をマスターすれば色んなかたちができる♪

この本の使い方

レベル
☆が1つから5つまでお菓子作りをするうえでの難しさを表しています。5つの☆まで作れたら、クラスでもお菓子作り名人に！

材料
お菓子作りに使う食材を表しています。清潔な手で扱いましょう。

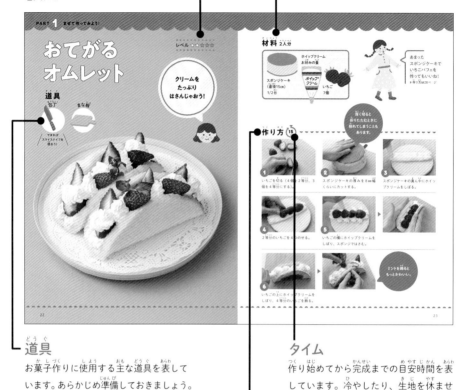

道具
お菓子作りに使用する主な道具を表しています。あらかじめ準備しておきましょう。

作り方
書いてある順番通りに作りましょう。順番通りに行わないと失敗したり、おいしくできないことがあります。

タイム
作り始めてから完成までの目安時間を表しています。冷やしたり、生地を休ませる時間などは含まれていません。

大人の方へ ―この本の注意点―

●電子レンジで調理する際、アルミホイルは絶対に使用しないでください。火花が散り、大変危険です。
●電子レンジで材料を加熱する際、必ず耐熱容器を使用してください。
●電子レンジで液体を加熱し続けると、突然に沸騰が起こりやけどの危険があります。加熱し過ぎないように注意しましょう。
●クッキングシートには製品ごとに使用上の注意点があります。必ず取扱説明書を読み、耐熱温度などを確認してください。
●トースターで調理する際、クッキングシートは絶対に使用しないでください。熱源にクッキングシートが触れると発火の恐れがあります。
●本書の材料に掲載している粉糖はグラニュー糖を粉末状にした

100％の粉糖です。また、仕上げやデコレーションには「溶けないタイプ」のものを使用しています。購入の際にはパッケージの表示をご確認ください。
●本書の材料に掲載しているココアパウダーはココアバターが全重量の22％以上、水分が7％以下の「ココアパウダー」です。またバニラ系香料以外のものを含んでいません。ココア飲料の粉とは異なりますので、購入の際にはパッケージの表示をご確認ください。
●本書の材料に掲載しているゼラチンは液体に直接ふり入れるタイプを使用しています。メーカーにより使用方法が異なりますので、パッケージに記載の使用方法をよくご確認ください。
●本書で使用する卵はMサイズのものを使用しています。

PART 1

まぜて
作ってみよう!

まぜたり、もんだり、はさんだり。
はじめてさんでもかんたんに作れちゃう!
まずはここからチャレンジしてみよう。

レアチーズタルト

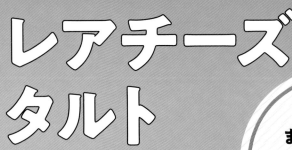

まずは一品!
こんなにかんたんに
作れちゃう!

好きなフルーツを
たっぷり飾って
おしゃれに作ろう!

道具

包丁

まな板

ジッパーつき保存袋

はさみ

スプーン

材料 4個分

クリームチーズ
150g

粉糖
大さじ1

レモン汁
小さじ1

市販のタルト生地
（小さいもの）
4個

生クリーム
小さじ2

お好みのフルーツ
（いちご、ブルーベリー、
マンゴー、さくらんぼなど）

作り方 15分

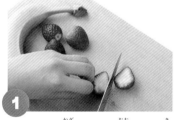
1 フルーツを飾りやすい大きさに切る。

2 クリームチーズをジッパーつき保存袋に入れてよくもむ。

3 生クリーム、粉糖、レモン汁を **2** に入れる。材料を入れるたびに、よくもんでなじませる。

4 ジッパーつき保存袋の端を切る。

5 タルト生地にしぼり、スプーンで軽く平らにする。

6 **1** で切ったフルーツを飾る。

PART1のポイント

基本的な道具も、きちんと使い方を知れば
お菓子作りがぐっと上手になります。

ホイッパーの使い方

すりまぜる
ボウルの底をこするようにまぜる方法。バターや卵黄に砂糖をまぜ込むときなどに使います。

空気をふくませる
全体に空気が入るようなイメージで泡立てます。なめらかなクリームやふんわりとした生地を作るときに行います。

ハンドミキサーの使い方

円を描くように
ハンドミキサーをボウルに深く入れ、ぐるりと円を描くようにまぜます。最初は低速ではじめましょう。

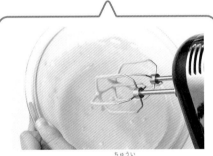

オン・オフをするときの注意！
使うときは必ずスイッチをオフにしてボウルから出し入れしましょう。オンのままだと、生地やクリームが飛び散ってしまいます。

ゴムベラの使い方

切るようにまぜる
生地に対してゴムベラが縦になるように入れて、すくいあげるようにしてまぜるやり方。小麦粉に含まれる粘り成分の発生を防いだり、メレンゲをつぶさないようにまぜるためです。

アイスクリームディッシャーの使い方

① ぬらす

水やぬるま湯でアイスクリームディッシャーをぬらしておけば、アイスクリームにスッと入れることができます。

② たっぷりすくう

ちょうどぴったりの量をすくい取るのではなく、ディッシャーからあふれるくらいの量をたっぷりすくい取りましょう。

③ 器に盛る

平らなところに押し付けるように盛れば、きれいな半球状にすることができます。

水切りヨーグルトの作り方

① ふたつの道具をセット

ボウルとザルを用意して、ボウルの上にザルを置きます。

② キッチンペーパーをのせる

水分をとるためのキッチンペーパーをのせます。

③ ヨーグルトをのせる

キッチンペーパーの上にヨーグルトをのせます。

④ 上にもペーパーをのせる

さらにヨーグルトの上にもキッチンペーパーをのせます。

⑤ 水切り開始

ラップをかけ、重しをして3時間ほど冷蔵庫に置いておきます。

おてがる
オムレット

クリームを
たっぷり
はさんじゃおう！

道具

包丁

まな板

できれば
スライスナイフを
使おう！

材料 2人分

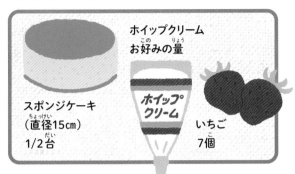

スポンジケーキ
（直径15cm）
1/2台

ホイップクリーム
お好みの量

いちご
7個

あまった
スポンジケーキで
いちごパフェを
作ってもいいね!
▶作り方は28ページ

作り方 15分

厚く切ると
折りたたむときに
割れてしまうことも
あります。

1 いちごを切る（4個を2等分、3個を4等分にする）。

2 スポンジケーキの厚みを8mm幅くらいにカットする。

3 スポンジケーキの真ん中にホイップクリームをしぼる。

4 2等分のいちごを4つのせる。

5 いちごの横にホイップクリームをしぼり、スポンジではさむ。

6 いちごの上にホイップクリームをしぼり、4等分のいちごを飾る。

ミントを飾ると
もっとかわいい。

手作りラムネ

レベル ☆☆☆☆☆

好きな色で作れる
自分だけのラムネ！

道具

ボウル

ホイッパー

スプーン

小皿

計量スプーン

小さじ1/2サイズ・2本

半球状の形がおすすめ

小さじ1/2の計量スプーンは「小小さじ」とも呼ぶよ

材料 15個

粉糖 50g

コーンスターチ 10g

食品用 クエン酸 小さじ1/2

レモン汁 小さじ1

水 小さじ1/2

食品用重曹 小さじ1/2

着色料（赤・黄色・青）適量

作り方 （40分） 乾燥させる時間をのぞく

1 ボウルに、粉糖とコーンスターチを入れてホイッパーでよくまぜる。

2 小皿に、クエン酸、レモン汁、水を入れてまぜる。クエン酸が溶けたら、1に入れてまぜる。

3 水気がなくなったら重曹を入れてダマをつぶしながら手でまぜる。

4 4等分に分け、着色料をそれぞれ加えてスプーンでよくまぜる（ひとつはそのままにする）。

5 色がまざったら、計量スプーンを2本使って丸型にする。乾燥させて、固まったら完成。

まとまりづらかったら、水を少しずつ（1〜2滴）加えてみましょう。

25

レーズンサンド

レベル ★☆☆☆☆

道具

ジッパーつき保存袋　おろし器　包丁　まな板　スプーン

ちょっぴり
大人の味のお菓子で
すてきな
おやつタイム♪

材料 4～6個

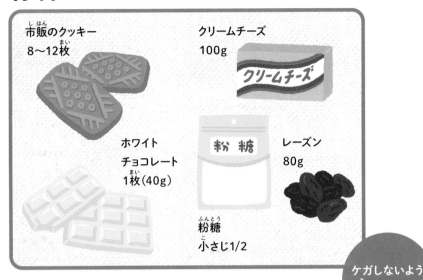

市販のクッキー
8～12枚

クリームチーズ
100g

ホワイト
チョコレート
1枚（40g）

レーズン
80g

粉糖
小さじ1/2

> ケガしないよう
> 気をつけよう

作り方 15分

1
ジッパーつき保存袋にクリームチーズ、粉糖を入れてやわらかくなるまでよくもむ。

2
ホワイトチョコレートをすりおろす。小さくなってすりおろせなくなったら包丁で細かく刻む。

3
1に2を入れたら袋をしっかりと閉める。なじませるようによくもむ。

4
レーズンを加えて軽くもむ。

5
クッキーに4をのせて、はさむ。

27

いちごパフェ

レベル ★☆☆☆☆

いちごのおいしさが
たくさん!
ミントを飾ると
もっとかわいい♡

道具

ボウル

スプーン

丸型
パフェの
グラスの底に
サイズを合わせよう

包丁

まな板

アイスディッシャー

材料 2人分

プレーン
ヨーグルト
（無糖）
160g

いちご
6〜7個

ホイップクリーム
お好みの量

いちごジャム
大さじ2

ストロベリーアイス
お好みの量

スポンジケーキ
1/2台

作り方 15分

スポンジの代わりに
コーンフレークを
入れてもおいしい

1 ボウルにヨーグルトといちごジャムを入れてまぜる。

2 スポンジケーキの厚みを半分に切り、丸型にくり抜く。

3 いちごをカットする。3〜4個は縦に半分、残りは薄切りにする。

4 グラスに**1**を入れて**2**のスポンジをのせる。薄切りのいちごをグラスに貼りつけるようにスポンジのまわりに飾る。

5 **4**の上にホイップクリームをしぼる。

6 半分に切ったいちごを飾り、アイスをのせる。

アイスサンド

レベル ☆☆☆☆

> おやつにぴったりの
> ひんやりスイーツ！

道具

包丁	まな板	丸型	ラップ	スプーン	バット

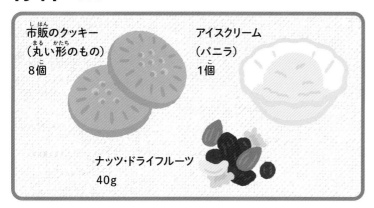

材料 4個分

市販のクッキー
（丸い形のもの）
8個

アイスクリーム
（バニラ）
1個

ナッツ・ドライフルーツ
40g

作り方 10分 冷やす時間をのぞく

ナッツは
固くて危ないので
ケガに注意しましょう。

丸型を冷凍庫で
冷やしておくと、
アイスが溶けにくく
作りやすいです。

1 ナッツとドライフルーツはざっくり刻む。

2 ラップをしき、クッキーをのせ、その上に丸型をのせる。

3 1のナッツとドライフルーツ（1個約10g分）をその中に入れる。

4 アイスクリームを中に入れてナッツ・ドライフルーツと軽くまぜて、上からおさえるように平らにする。

5 丸型を外して、もう1枚のクッキーではさむ。

6 ラップで包み、バットにのせ、冷凍庫で2時間ほど冷やす。

31

フルーツ
シャーベット

レベル ☆☆☆☆☆

もんで作る
かんたんデザート。
夏のおやつにも
ぴったり!

道具

計量カップ　　ジッパーつき保存袋　　スプーン　　バット

材料 2〜3人分

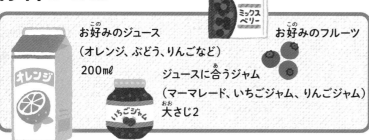

お好みのジュース
（オレンジ、ぶどう、りんごなど）
200ml

お好みのフルーツ
ミックスベリー

ジュースに合うジャム
（マーマレード、いちごジャム、りんごジャム）
大さじ2

作り方 5分 冷やす時間をのぞく

1 ジュースをジッパーつき保存袋に入れる。

こぼれないようにしっかり閉めよう。

2 1にジャムを加え、なじませるようにもむ。

3 バットに置いて、平らにして、冷凍庫で一晩凍らせる。

4 器に盛る前に軽くもみ、盛りつける。好きなフルーツなどを飾る。

アイスキューブ

レベル ★☆☆☆☆

ミルクとフルーツが
甘くておいしい♡
暑い日に食べたい
ひとくちおやつ

道具

計量カップ

スプーン

菜箸

製氷皿

バット

材料 15個分

牛乳
200㎖

コンデンス
ミルク
大さじ3

フルーツミックス
（大きいものがあれば
製氷皿の大きさに合わせて切る）
100g

作り方 10分 冷やす時間をのぞく

1 計量カップに牛乳、コンデンスミルクを入れてまぜる。

アイスが外しやすいシリコン製のやわらかい製氷皿がおすすめ！

2 製氷皿に、水分を切ったフルーツを入れる。

3 1を製氷皿に流し入れる。

4 バットにのせ、冷凍庫で3時間ほど凍らせる。

レベル ★★☆☆☆

ベリー
ヨーグルトアイス

たっぷりベリーと
ヨーグルトは
最高の組み合わせ

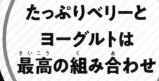

道具

ボウル

ザル

キッチンペーパー

ラップ

ハンドミキサー

ゴムベラ

バット
深めのものを
用意しよう

材料 作りやすい分量

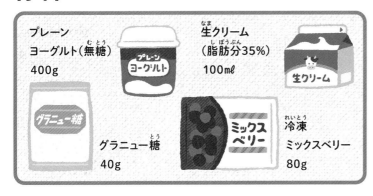

プレーン
ヨーグルト(無糖)
400g

生クリーム
(脂肪分35%)
100mℓ

グラニュー糖
40g

冷凍
ミックスベリー
80g

生クリームの泡立ては
96ページのやり方を見て
挑戦してみましょう。

作り方 15分

ヨーグルトの水切り時間、冷やす時間をのぞく

下準備
ヨーグルトは3時間ほど水切りする。

▶やり方は21ページを見てね!

1 生クリームにグラニュー糖を入れてハンドミキサーで七分立てくらいまで泡立てる。

2 水切りヨーグルトを入れて、さらにハンドミキサーで泡立てる。

3 ミックスベリーを入れる。

4 ピンク色になるまでゴムベラでまぜる。

5 バットや冷凍できる容器に移し替えてラップをし、冷凍する。

6 固まるまで何度か空気を含ませるようにまぜる。固まったら完成。

大好きなおともだちにプレゼント！
かわいくラッピング

**手作りラムネを
包んでみたよ！**
▶作り方は24ページを見てね

リボンの大きさや
色を変えると
雰囲気も
ガラッと変わる！

準備するもの

ペーパークッション

プラスチックカップ

リボン

袋

テープ

❶プラスチックカップにペーパークッションを入れます。

❷カップにラムネを詰めます。このとき、少し余裕をもって詰めましょう。

❸カップのフタを閉じ、テープでフタをとめます。

❹袋にカップを入れます。

❺リボンをちょうちょ結びにします。

PART 2

電子レンジ&
トースターを使ってみよう!

電気の力で食材を温めてくれる、電子レンジとトースター。
どちらもおいしいお菓子作りには欠かせない調理器具。
やけどに注意して作ってみよう!

2層のフルーツ ミルクゼリー

レベル ★☆☆☆☆

> フルーツ＆ミルク。
> カラフルで
> かわいいゼリー

> 好きな
> ジュースで作ろう！

道具

耐熱ボウル

スプーン

材料 4人分

フルーツゼリー
お好みの
フルーツジュース
200㎖

グラニュー糖
大さじ1

粉ゼラチン
3g

ミルクゼリー
牛乳
200㎖

グラニュー糖
大さじ1+1/2

粉ゼラチン
3g

作り方 15分 冷やす時間をのぞく

1

フルーツゼリー｜耐熱ボウルにジュースを入れ、グラニュー糖大さじ1を加えてまぜる。ラップをせず電子レンジ（600W）で1分30秒加熱する。

2

1に粉ゼラチンを加えてまぜる。しっかりとまぜたらグラスに注ぎ、冷蔵庫で冷やし固める。

3

ミルクゼリー｜別の耐熱ボウルに牛乳を入れ、グラニュー糖大さじ1+1/2をまぜる。

4

ラップをせずに電子レンジ（600W）で1分30秒加熱して、粉ゼラチンをまぜる。

5

4を**2**のグラスに注いだら、冷蔵庫で冷やし固める。

PART2のポイント

電子レンジとトースターを使いこなせば、
ちょっとごうかなおやつがかんたんに作れます!

電子レンジ

チン! でほかほか♪

電子レンジは電気の力で材料を加熱する調理器具。電力と加熱時間で火の通り方が変わるので、レシピ通りにちゃんと設定しましょう。火の通り具合をよくするため、材料は耐熱容器の上に均等にのせてください。また、アルミホイルやホイルを裏紙に使った紙容器などの金属類は爆発・発火するので絶対に使用しないでください。

温めすぎには注意しよう!
やけどにも気をつけて

トースター

チン! でカリカリ

もともとパンを焼くために作られた調理器具。食品の表面を均等に香ばしく焼いたり、焼き目をつけることができます。アルミホイルを使うことができますが、食材などがくっついてしまう場合があります。くっつきにくいタイプのものを使用するのがおすすめです。

ふんわりラップをかける

真ん中をたゆませてふんわりとラップをかけること。電子レンジで温めるときに、ラップが破れて食材が飛び出してしまうのを防ぎながら、水蒸気を全体にまわして食材を上手に温めることができます。

クッキングシート

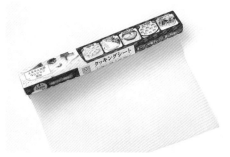

両面にシリコン樹脂やテフロン加工がされたものです。お菓子をオーブンで焼くときに天板や型にしいて使います。こびりつきを防ぐことができ、お菓子をきれいに取り出せます。トースターでは使わないでください。燃える可能性があります。

粉ゼラチンの使い方

※メーカーごとに使い方が違います。
パッケージに記載されている使い方にしたがってください。

冷たいものに加える場合
60〜80℃くらいの少しのお湯でよく溶かしてから、ほかの材料にまぜましょう。

熱いものに加える場合
約60℃以上のものを固めるときには直接ふり入れましょう。高温のものに入れると固まりにくくなることもあります。

ババロア

レベル ★★★☆☆

フルーツといっしょに
盛りつければ
ごうかなデザートに！

道具

耐熱ボウル

ホイッパー

ババロア型

キッチンペーパー

ハンドミキサー

ゴムベラ

スプーン

材料 5個分

牛乳
180㎖

生クリーム
（脂肪分35%）
100㎖

グラニュー糖
25g

卵黄
（常温にする）
1個

粉ゼラチン
6g

バニラエッセンス
少量

サラダ油
少々

作り方 25分 冷やす時間をのぞく

1 ボウルに卵黄を入れる。グラニュー糖を加えてふんわりするまでホイッパーですりまぜる。

2 牛乳を少しずつ加えながらまぜる。電子レンジ（600W）で1分40秒加熱する。

3 粉ゼラチンをふり入れダマにならないようによくまぜ、常温で冷ましておく。

4 サラダ油をキッチンペーパーにしみこませて、ババロア型に薄く塗る。

5 3とは別のボウルに生クリームを入れハンドミキサーで六分立てまで泡立てる。
▶やり方は96ページを見てね！

6 3を氷水を入れたボウルに重ねて冷やしながら、5の生クリームと同じくらいの固さになるまでゴムベラでまぜる。

7 6に5とバニラエッセンスを入れてまぜる。

8 4の型に流し入れ、冷蔵庫で3時間ほど冷やす。

冷えてくると一気にとろみがつくので固まりすぎないようにまぜつづけよう。

プリン

道具

ココット　プリンカップ　ボウル　ホイッパー

茶こし　ふきん　ラップ

> まるでお店で食べる
> プリンみたい!

材料 150～160㎖のプリンカップ・2個分

牛乳
（常温にする）
150㎖

グラニュー糖
大さじ1+1/2

卵（常温にする）
1個

バニラ
エッセンス
少量

カラメル

グラニュー糖
大さじ1

水
小さじ2

お湯
小さじ2

作り方 ⏱30分 冷やす時間をのぞく

1 カラメル｜ココットにグラニュー糖大さじ1と水を入れる（まぜない）。電子レンジ（600W）で2分30秒加熱し、茶色くなるまで、10秒ずつ様子を見ながら20〜30秒加熱する。

温度差で割れないように必ずふきんの上に置きましょう。

カラメルはガラス容器ではなく割れにくいココットで作るのがおすすめ!

2 取り出したらふきんの上に置き、沸騰しているところに、お湯を入れる。はねるので注意。大人の人に手伝ってもらおう!!

3 カラメルを半量ずつプリンカップに入れて冷蔵庫で10分ほど冷やす。

カップは耐熱性のあるものを使おう!

4 プリン｜ボウルに卵を割り、ホイッパーでまぜる。グラニュー糖大さじ1＋1/2を入れたらすりまぜる。牛乳、バニラエッセンスを加えてさらにまぜる。

5 茶こしでこしながら**3**に注ぐ。ひとつずつラップをしないで電子レンジ（600W）で1分加熱したあと、さらに10秒ずつ様子を見ながら加熱する。30〜40秒くらいで表面がもこもこっと盛り上がってきたらすぐに取り出す。

トッピング

ホイップクリーム

ホイップクリーム

さくらんぼ

6 ラップをし、ふきんをかけ余熱で火を通す。あら熱がとれたら冷蔵庫で3時間以上しっかり冷やす。

7 ラップを外し、プリンカップにお皿をかぶせてひっくり返す。左右にゆすりながらカップを外し、トッピングをして完成。

レベル ☆☆☆☆☆

カラフル
グミ

いろんなかたちや
味で作れる！
アクセサリーのように
キラキラきれい！

道具

 シリコン型

 はけ

 耐熱ボウル　スプーン

材料 15個分

 お好みのジュース
80ml

 はちみつ
小さじ1/2

 粉ゼラチン

 サラダ油
少々

グラニュー糖
大さじ2

レモン汁
大さじ1

粉ゼラチン
10g

作り方 10分 冷やす時間をのぞく

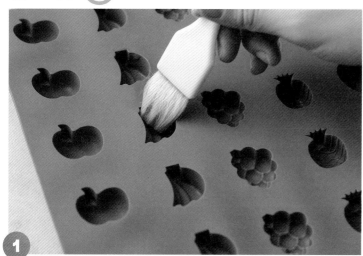

1 シリコン型にはけを使ってサラダ油を塗る。

2 耐熱ボウルにジュース、グラニュー糖、はちみつ、レモン汁を入れる。

3 ラップをせずに電子レンジ（600W）で1分加熱し、まぜる。

4 粉ゼラチンを加えて、さらによくまぜる。

5 1の型に流し込み、冷蔵庫で20分ほど冷やす。

レベル ★☆☆☆☆

マシュマロ
クッキー

香ばしいナッツと
ふんわりマシュマロ。
食感が楽しい♪

道具

包丁 　　**まな板** 　　**耐熱皿**

材料 お好みの量

クッキー
お好みの数

マシュマロ
お好みの量

ナッツ
（アーモンド、くるみ、
カシューナッツ、かぼちゃの種など）
適量

チョコチップ
適量

作り方 10分

1 ナッツは、大きいものをカットする。

2 クッキーの大きさに合わせて、マシュマロを切る。

3 耐熱皿の上にクッキーを置き、マシュマロをのせ、電子レンジ（500W）で20秒加熱する。

> ナッツは
> 固くて危ないので
> 大人の人と
> いっしょにやろう！

4 マシュマロが温かいうちにナッツやチョコチップをのせる。

> 熱いので
> やけどしないように
> 注意しましょう。

チョコレート蒸しパン

レベル ☆★★☆☆

しっとりふわふわ。
おやつにぴったり!

道具

耐熱容器

クッキングシート

ボウル

ホイッパー

ザル

ゴムベラ

ラップ

材料 15cm角の耐熱容器・1個分

ホットケーキミックス 100g

グラニュー糖 35g

純ココアパウダー 10g

無塩バター（常温にする） 50g

牛乳（常温にする） 50ml

卵（常温にする） 1個

チョコチップ 50g

作り方 25分

1 耐熱容器にクッキングシートをしく。

▶やり方は67ページを見てね！

2 ボウルにバターを入れ、グラニュー糖を少しずつ加えて白くふんわりするまでホイッパーでまぜる。

3 卵を溶く。**2**に少しずつ加えてまぜる。

4 ホットケーキミックスとココアパウダーの半量をふるい入れ、粉っぽさがなくなるまでゴムベラで切るようにまぜる。

5 牛乳を半量加えてさらにまぜる。

6 残りのホットケーキミックスとココアパウダー、牛乳を加えてまぜる。

7 チョコチップを加えて軽くまぜたら、**1**の耐熱容器に流し入れる。

8 流し入れたら、表面をかるくヘラで平らにならす。

9 ふんわりラップをかけて電子レンジ（600W）で3分30秒加熱し、あら熱を取る。

かんたん いちごクレープ

大好きなクレープが
おうちで
かんたんに作れる！

道具

包丁

まな板

ボウル

ホイッパー

クッキングシート

耐熱皿

材料 2個分

春巻きの皮(大判)
2枚

いちご
4〜5個

グラニュー糖
10g

バニラエッセンス
少々

卵
1個

ホイップクリーム
お好みの量

牛乳
50ml

作り方 25分

1 いちごを縦半分に切る（大きかったら3等分する）。

2 ボウルに卵、グラニュー糖、牛乳、バニラエッセンスを合わせてホイッパーでよくまぜる。

3 春巻きの皮を1枚ずつひたす。

4 耐熱皿の上にクッキングシートを置き、3をその上にのせる。

5 電子レンジ（500W）で40秒加熱し、クッキングシートから春巻きの皮をはがす。

6 端を揃えない様に三角に折り、上の角を少し折る。

7 ホイップクリームをしぼり、いちごを5〜6個置く。

8 両端からいちごを包み込むように折る。

ミントなどを飾ってもかわいい！

ひとくち スイートポテト

レベル ★★★☆☆

ほんのり甘い。
さつまいもの
自然な甘さが
おいしい

道具

包丁　まな板　耐熱ボウル　木ベラ

ラップ　アルミホイル　耐熱バット　スプーン

<ruby>材<rt>ざい</rt></ruby><ruby>料<rt>りょう</rt></ruby> 10〜12<ruby>個<rt>こ</rt></ruby><ruby>分<rt>ぶん</rt></ruby>

さつまいも
1<ruby>本<rt>ぼん</rt></ruby>(350g)

グラニュー糖
大さじ1+1/2

<ruby>有塩<rt>ゆうえん</rt></ruby>バター
15g

<ruby>卵黄<rt>らんおう</rt></ruby>
1<ruby>個<rt>こ</rt></ruby>

<ruby>牛乳<rt>ぎゅうにゅう</rt></ruby>
小さじ1〜2

<ruby>卵黄<rt>らんおう</rt></ruby>
(<ruby>塗<rt>ぬ</rt></ruby>る<ruby>用<rt>よう</rt></ruby>。<ruby>溶<rt>と</rt></ruby>いておく)
1<ruby>個<rt>こ</rt></ruby>

<ruby>黒<rt>くろ</rt></ruby>ごま
<ruby>少々<rt>しょうしょう</rt></ruby>

<ruby>作<rt>つく</rt></ruby>り<ruby>方<rt>かた</rt></ruby> 50<ruby>分<rt>ぷん</rt></ruby>

1
さつまいもは<ruby>皮<rt>かわ</rt></ruby>をむき、<ruby>一口大<rt>ひとくちだい</rt></ruby>に<ruby>切<rt>き</rt></ruby>り<ruby>耐熱<rt>たいねつ</rt></ruby>ボウルに<ruby>入<rt>い</rt></ruby>れて、5<ruby>分<rt>ふん</rt></ruby>ほど<ruby>水<rt>みず</rt></ruby>につける。<ruby>大人<rt>おとな</rt></ruby>の<ruby>人<rt>ひと</rt></ruby>に<ruby>手伝<rt>てつだ</rt></ruby>ってもらおう!

2
<ruby>水<rt>みず</rt></ruby>を<ruby>切<rt>き</rt></ruby>り、ふんわりとラップをかけて<ruby>電子<rt>でんし</rt></ruby>レンジ(600W)で5〜7<ruby>分<rt>ふん</rt></ruby><ruby>加熱<rt>かねつ</rt></ruby>する。<ruby>出<rt>で</rt></ruby>た<ruby>水分<rt>すいぶん</rt></ruby>をしっかりと<ruby>切<rt>き</rt></ruby>り、さつまいもをつぶす。

3
グラニュー<ruby>糖<rt>とう</rt></ruby>、バター、<ruby>卵黄<rt>らんおう</rt></ruby>を<ruby>入<rt>い</rt></ruby>れてよくまぜる。<ruby>牛乳<rt>ぎゅうにゅう</rt></ruby>を<ruby>少<rt>すこ</rt></ruby>しずつ<ruby>入<rt>い</rt></ruby>れながら、<ruby>手<rt>て</rt></ruby>でにぎりやすい<ruby>固<rt>かた</rt></ruby>さに<ruby>調節<rt>ちょうせつ</rt></ruby>する。

4
<ruby>全体<rt>ぜんたい</rt></ruby>をしっかりとよくまぜる。<ruby>固<rt>かた</rt></ruby>いようなら<ruby>牛乳<rt>ぎゅうにゅう</rt></ruby>を<ruby>少<rt>すこ</rt></ruby>しだけ<ruby>追加<rt>ついか</rt></ruby>で<ruby>入<rt>い</rt></ruby>れる。

5
<ruby>一口<rt>ひとくち</rt></ruby>サイズのキューブ<ruby>型<rt>がた</rt></ruby>ににぎる。

アルミホイルはくっつきにくいタイプを<ruby>使<rt>つか</rt></ruby>うのがおすすめ。

6
<ruby>塗<rt>ぬ</rt></ruby>る<ruby>用<rt>よう</rt></ruby>の<ruby>卵黄<rt>らんおう</rt></ruby>を<ruby>塗<rt>ぬ</rt></ruby>り、<ruby>黒<rt>くろ</rt></ruby>ごまを<ruby>少<rt>すこ</rt></ruby>しのせる。<ruby>耐熱<rt>たいねつ</rt></ruby>バットにアルミホイルをしきトースター(600W)で<ruby>焼色<rt>やきいろ</rt></ruby>がつくまで10〜15<ruby>分<rt>ふん</rt></ruby><ruby>焼<rt>や</rt></ruby>く。

フルーツ
グラタン

レベル ★★☆☆☆

熱々の
フルーツ果汁が
あふれる♪

道具

耐熱ボウル

ホイッパー

包丁

まな板

耐熱皿
少し深めの
ものを使おう！

材料 2人分

カスタードクリーム

卵
2個

グラニュー糖
大さじ4

薄力粉
大さじ4

牛乳
300ml

バニラ
エッセンス
少々

いちご、りんご、バナナ
（いずれも生）
適量

みかん、マンゴー、さくらんぼ
（いずれも缶詰）
適量

作り方 40分

①
カスタードクリーム｜耐熱ボウル
に卵を割り入れ、グラニュー糖を
加えてホイッパーですりまぜる。

②
薄力粉を入れて粉っぽさがなくな
るまでよくまぜる。

③
牛乳を加えてさらにまぜる。

④
ラップをせず、電子レンジ（600W）
で3分加熱し、一度取り出してよ
くまぜる。

⑤
再び1分加熱し、取り出してまぜ
る。さらに1分加熱し、よくまぜ
る。クリーム状になったらバニラ
エッセンスを加えてまぜる。

⑥
フルーツを食べやすい大きさに切
る。

⑦
耐熱皿にカスタードクリームを流
し入れ、フルーツを並べる。

⑧
グラニュー糖（分量外）をふりか
け、トースター（600W）で焼き
色がつくまで10〜15分ほど焼く。

トースターで フレンチトースト

レベル ★★☆☆☆

溶けないタイプの
粉糖と
メープルシロップで
お店で食べる一品に!

道具

包丁

まな板

耐熱容器

耐熱バット

アルミホイル

スプーン

<ruby>材<rt>ざい</rt>料<rt>りょう</rt></ruby> <ruby>1人分<rt>ひとりぶん</rt></ruby>

<ruby>食<rt>しょく</rt></ruby>パン
（4<ruby>枚<rt>まい</rt></ruby><ruby>切<rt>ぎ</rt></ruby>り）
1<ruby>枚<rt>まい</rt></ruby>

グラニュー<ruby>糖<rt>とう</rt></ruby>
<ruby>大<rt>おお</rt></ruby>さじ1

<ruby>卵<rt>たまご</rt></ruby>
1<ruby>個<rt>こ</rt></ruby>

<ruby>牛乳<rt>ぎゅうにゅう</rt></ruby>
100ml

<ruby>有塩<rt>ゆうえん</rt></ruby>バター
（<ruby>常温<rt>じょうおん</rt></ruby>にする）
5g

<ruby>作<rt>つく</rt></ruby>り<ruby>方<rt>かた</rt></ruby> 30<ruby>分<rt>ぷん</rt></ruby>

1 <ruby>食<rt>しょく</rt></ruby>パンは4<ruby>等分<rt>とうぶん</rt></ruby>に<ruby>切<rt>き</rt></ruby>る。

2 <ruby>卵<rt>たまご</rt></ruby>、<ruby>牛乳<rt>ぎゅうにゅう</rt></ruby>、グラニュー<ruby>糖<rt>とう</rt></ruby>を<ruby>耐熱容<rt>たいねつよう</rt></ruby><ruby>器<rt>き</rt></ruby>に<ruby>入<rt>い</rt></ruby>れてまぜ、<ruby>卵液<rt>らんえき</rt></ruby>を<ruby>作<rt>つく</rt></ruby>る。

3 4<ruby>等分<rt>とうぶん</rt></ruby>に<ruby>切<rt>き</rt></ruby>った<ruby>食<rt>しょく</rt></ruby>パンを**2**にひたす。パンをうら<ruby>返<rt>がえ</rt></ruby>し<ruby>両面<rt>りょうめん</rt></ruby>ひたす。

4 ラップをせず<ruby>電子<rt>でんし</rt></ruby>レンジ（500W）で1<ruby>分<rt>ぷん</rt></ruby><ruby>加熱<rt>かねつ</rt></ruby>する。ひっくり<ruby>返<rt>かえ</rt></ruby>してさらに1<ruby>分<rt>ぷん</rt></ruby><ruby>加熱<rt>かねつ</rt></ruby>。<ruby>卵液<rt>らんえき</rt></ruby>が<ruby>残<rt>のこ</rt></ruby>っていたら、またひっくり<ruby>返<rt>かえ</rt></ruby>して30<ruby>秒<rt>びょう</rt></ruby><ruby>加熱<rt>かねつ</rt></ruby>する。

くっつきにくいタイプの
アルミホイルを<ruby>使<rt>つか</rt></ruby>うと
きれいに
できあがります。

5 <ruby>耐熱<rt>たいねつ</rt></ruby>バットにアルミホイルをしき、その<ruby>上<rt>うえ</rt></ruby>に**4**を<ruby>並<rt>なら</rt></ruby>べる。

6 はけで<ruby>薄<rt>うす</rt></ruby>くバターを<ruby>塗<rt>ぬ</rt></ruby>り、トースターで<ruby>焼<rt>や</rt></ruby>く。5〜10<ruby>分<rt>ぷん</rt></ruby><ruby>焼<rt>や</rt></ruby>いたら<ruby>上<rt>じょう</rt></ruby><ruby>下<rt>げ</rt></ruby>を<ruby>返<rt>かえ</rt></ruby>し、また5<ruby>分<rt>ふん</rt></ruby>ほど<ruby>焼<rt>や</rt></ruby>いて<ruby>両<rt>りょう</rt></ruby><ruby>面<rt>めん</rt></ruby>をキツネ<ruby>色<rt>いろ</rt></ruby>にする。

大好きなおともだちにプレゼント!

かわいくラッピング

ひとくちスイートポテトを
包んでみたよ!
▶作り方は56ページを見てね

大人っぽい箱に
入れて、
大切な人への
プレゼントに!

準備するもの

| フタつきの仕切りのある箱
（トリュフ用） |
| 紙製カップ |
| テープ |

❶冷めたスイートポテトを
カップにのせます。

❷カップごと、箱に入れます。

❸フタを閉じてテープでとめ
る。

PART 3

オーブンを
使ってみよう!

ここからはちょっと上級のテクニック。きちんと生地をまぜて、
オーブンで焼き菓子を作ってみよう! サクサク、ふっくらと仕上げるには、
きちんと生地をまぜて温度を守って焼きましょう。

焼きドーナッツ

レベル ★★★☆☆

揚げないから
とってもかんたん！

from

チョコレートや
溶けない粉糖で
デコレーション
してみよう！

道具

ドーナッツ型

はけ

ボウル

ホイッパー

しぼり袋

コップ

材料 6個分

ホットケーキミックス
100g

牛乳
（常温にする）
50ml

卵
（常温にする）
1個

はちみつ
小さじ1

グラニュー糖
大さじ1

無塩バター
（常温にする）
20g＋少々（型に塗る用）

作り方 45分

1 ドーナッツ型にはけでバター少々を塗る。オーブンは170℃に予熱しておく。

2 バター20gをホイッパーでなめらかになるまでまぜ、はちみつ、グラニュー糖を加えさらにまぜる。

3 溶いた卵を加えてホイッパーでまぜる。牛乳を加えてさらによくまぜる。

4 ホットケーキミックスを加え、ホイッパーでつやが出るまでまぜる。

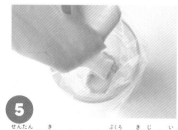

5 先端を切ったしぼり袋に生地を入れる。

6 1のドーナッツ型にしぼり入れる。170℃のオーブンで、10〜15分ほど焼き、型から外す。

PART3のポイント

お菓子作りといえば、やっぱり焼き菓子！
オーブンを使えば、プレゼントにもぴったりなあこがれのお菓子が作れます。

オーブン

材料にじわじわと熱を加えていく調理道具。レシピ通りに焼く温度と加熱時間を設定しましょう。また、焼きはじめる前にオーブンのなかを先に温めておくことを「予熱」といいます。予熱が完了してから10分後くらいに焼き始めると、オーブンの温度が安定してよりおいしいお菓子が作れます。天板は熱いのでミトンをつけ、やけどに気をつけてください。

焼き上がりのサイン

十分な焼き色がついているのに、焼き時間がまだ終わっていない場合は、上にアルミホイルをかけて焼きましょう。竹串で刺して生地がついてこなければ、なかまで焼けています。

※機器によってはアルミホイルが使えない場合があるので、必ず取扱説明書を確認のうえ、使用してください。
※電子レンジにアルミホイルは絶対に使用しないでください。

あら熱をとる

完全に冷ますという意味ではありません。手で触ることができるくらいの温度に冷ますことを「あら熱をとる」といいます。

お菓子の冷まし方

焼き上がったら、できるだけケーキクーラーや網の上にのせて冷ましましょう。お皿の上で冷ますとお菓子の底に熱がこもって湿ってしまい、サクサク感がなくなってしまいます。

ポイントを
しっかり覚えれば
おいしくきれいに
できあがります！

型の使い方

パウンド型

1 クッキングシートをパウンド型に合わせて、ふたまわりほど大きく切り出します。

2 型をシートの真ん中に置き、しっかりとおさえてえんぴつでしるしを書きます。

3 しるしを書いた面を裏にして、しるしに合わせて四辺をしっかりと折ります。

書いた部分が食品に当たらないように、きちんと裏返しましょう。

4 折り筋に沿って、4か所切り込みを入れます。

5 切り込みを入れた部分のクッキングシートが重なるように、パウンド型にしきます。

6 重なっている部分にサラダ油をぬって、貼りつけます。浮いてくるのを防げます。

丸型

1 クッキングシートに丸型をのせて、型のふちにそって円を描いてしるしをつけます。

2 しるしに合わせてはさみで切り取ります。

3 別のクッキングシートの上に丸型を立てて置き、回転させながら1周分しるしをつけます。

4 しるしに沿い、型の1周分より約4cm長く、高さは約2cm高くなるように帯状に切ります。

5 丸型の底にサラダ油を塗り、**2**のクッキングシートをしきます。内側の側面にもサラダ油を塗ります。

6 側面に沿わせるように**4**のクッキングシートをしいていきます。

7 仕上げに両手でしっかりと全体のクッキングシートを型にくっつけます。

マドレーヌ

レベル ☆☆☆☆☆

バターとはちみつの
甘さがおいしい！
フランスのお菓子

道具

耐熱ボウル

ラップ

電子レンジ

ホイッパー

スプーン

コキーユ型

ザル

ゴムベラ

はけ

材料 コキーユ型・6個分

薄力粉	バター	卵	牛乳	グラニュー糖	ベーキングパウダー
70g	無塩バター 60g +少々（型に塗る用）	（常温にする） 1個 はちみつ 10g	20㎖	グラニュー糖 65g	2g

作り方 45分
生地を休ませる時間をのぞく

1 バター60gとはちみつを耐熱ボウルに入れてラップをし、電子レンジ（600W）で1分加熱する。

2 別のボウルに卵を入れて溶き、グラニュー糖を加えて溶けるまでホイッパーで泡立てないようにすりまぜる。

3 2に牛乳を加えてさらにまぜる。

4 ザルを使って薄力粉、ベーキングパウダーを合わせてふるう。

5 粉っぽさがなくなるまでホイッパーでまぜる。

6 1を加えて、ゴムベラで底からまぜる。生地にツヤが出たら、ラップをして冷蔵庫で2時間休ませる。

7 オーブンを170℃に予熱する。コキーユ型にバター少々をはけで塗る。冷蔵庫から出した6をヘラでまぜ、全体の固さを均等にする。

8 7の型に生地をスプーンで8分目まで入れ、170℃のオーブンで12～15分焼く。焼けたら型から外してからあら熱をとる。

ケーキクーラーや金網の上で冷ますとよりおいしくできあがります。

ブルーベリー チーズマフィン

レベル ★★★☆☆

道具

ボウル　　　ザル　　　ホイッパー　　ゴムベラ

スプーン　　マフィン型　　マフィンカップ

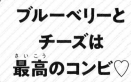

ブルーベリーと
チーズは
最高のコンビ♡

材料 6個分

無塩バター（常温にする）
70g

ベーキングパウダー
5g

グラニュー糖
80g

牛乳（常温にする）
100㎖

ドライブルーベリー（トッピング用のものを少しとっておく）
50g

卵（常温にする）
1個

薄力粉
120g

クリームチーズ（1㎝角にカットする）
100g

作り方 50分

1 ボウルにザルをのせ、薄力粉、ベーキングパウダーを合わせてふるっておく。オーブンを180℃に予熱する。

2 別のボウルにバターを入れ、ホイッパーでまぜながらグラニュー糖を3回に分けて加える。白くふんわりするまでまぜる。

3 卵を溶いて**2**に少しずつ加えながら、そのたびにホイッパーでよくまぜる。

4 **3**に**1**の半量を加えて、粉っぽさがなくなるまでゴムベラで切るようにまぜる。

5 牛乳を半量加え、さらにゴムベラでまぜる。

6 残りの**1**と牛乳を加えて、ゴムベラで切るように、粉っぽさがなくなるまでまぜる。

7 クリームチーズとブルーベリーを加えてさっくりとまぜる。

8 マフィン型の上にマフィンカップをセットして**7**を8分目まで流し込む。

9 ブルーベリーをトッピングして、180℃のオーブンで15〜20分焼く。焼けたら型から外してあら熱をとる。

アイスボックスクッキー

レベル ★★★☆☆

サクサク食感が
たまらない!!

道具

ボウル

ホイッパー

まな板

ザル

ゴムベラ

ラップ

クッキングシート

<ruby>材料<rt>ざいりょう</rt></ruby> <ruby>各約<rt>かくやく</rt></ruby>15<ruby>個分<rt>こぶん</rt></ruby>

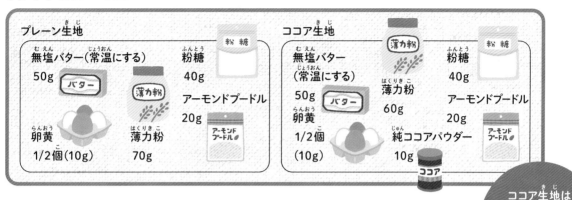

プレーン<ruby>生地<rt>きじ</rt></ruby>

<ruby>無塩<rt>むえん</rt></ruby>バター（<ruby>常温<rt>じょうおん</rt></ruby>にする）
50g

<ruby>卵黄<rt>らんおう</rt></ruby>
1/2<ruby>個<rt>こ</rt></ruby>(10g)

<ruby>粉糖<rt>ふんとう</rt></ruby>
40g

アーモンドプードル
20g

<ruby>薄力粉<rt>はくりきこ</rt></ruby>
70g

ココア<ruby>生地<rt>きじ</rt></ruby>

<ruby>無塩<rt>むえん</rt></ruby>バター
（<ruby>常温<rt>じょうおん</rt></ruby>にする）
50g

<ruby>卵黄<rt>らんおう</rt></ruby>
1/2<ruby>個<rt>こ</rt></ruby>
(10g)

<ruby>薄力粉<rt>はくりきこ</rt></ruby>
60g

<ruby>純<rt>じゅん</rt></ruby>ココアパウダー
10g

<ruby>粉糖<rt>ふんとう</rt></ruby>
40g

アーモンドプードル
20g

> ココア<ruby>生地<rt>きじ</rt></ruby>は
> ここで
> ココアパウダーを
> <ruby>加<rt>くわ</rt></ruby>えましょう。

<ruby>作<rt>つく</rt></ruby>り<ruby>方<rt>かた</rt></ruby> 50<ruby>分<rt>ぷん</rt></ruby> <ruby>生地<rt>きじ</rt></ruby>を<ruby>休<rt>やす</rt></ruby>ませる<ruby>時間<rt>じかん</rt></ruby>をのぞく

1 プレーン<ruby>生地<rt>きじ</rt></ruby>｜ボウルにバターを<ruby>入<rt>い</rt></ruby>れ、粉糖を加えてホイッパーで<ruby>白<rt>しろ</rt></ruby>っぽくふんわりするまでまぜる。

2 1に<ruby>溶<rt>と</rt></ruby>いた<ruby>卵黄<rt>らんおう</rt></ruby>を<ruby>入<rt>い</rt></ruby>れ、さらにまぜる。

3 ザルを<ruby>使<rt>つか</rt></ruby>って<ruby>薄力粉<rt>はくりきこ</rt></ruby>、アーモンドプードルを合わせてふるい入れる。

4 <ruby>粉<rt>こな</rt></ruby>っぽさがなくなるまで、ゴムベラで切るようにまぜ<ruby>合<rt>あ</rt></ruby>わせる。

5 まな<ruby>板<rt>いた</rt></ruby>に<ruby>出<rt>だ</rt></ruby>し、ひとまとまりになりつやがでるまで<ruby>何回<rt>なんかい</rt></ruby>かこねる。

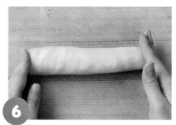

6 もう<ruby>一度軽<rt>いちどかる</rt></ruby>くこねてから、<ruby>直径<rt>ちょっけい</rt></ruby>3cmの<ruby>棒状<rt>ぼうじょう</rt></ruby>にする。

7 クッキングシートで<ruby>巻<rt>ま</rt></ruby>いて、さらにその<ruby>上<rt>うえ</rt></ruby>からラップで<ruby>包<rt>つつ</rt></ruby>み、<ruby>一晩<rt>ひとばん</rt></ruby><ruby>以上冷蔵庫<rt>いじょうれいぞうこ</rt></ruby>で<ruby>休<rt>やす</rt></ruby>ませる。

8 1〜1.2cm<ruby>程度<rt>ていど</rt></ruby>の<ruby>幅<rt>はば</rt></ruby>にカットし、180℃に<ruby>予熱<rt>よねつ</rt></ruby>したオーブンを170℃に<ruby>下<rt>さ</rt></ruby>げ、12〜15<ruby>分程度焼<rt>ふんていどや</rt></ruby>く。

> オーブンは<ruby>最初<rt>さいしょ</rt></ruby>に
> <ruby>予熱<rt>よねつ</rt></ruby>しておきましょう。
> <ruby>温<rt>あたた</rt></ruby>まるのに
> <ruby>時間<rt>じかん</rt></ruby>がかかります。

型抜きクッキー

レベル ☆☆☆☆☆

好きな型で
抜いて作ろう!

道具

ボウル　　ゴムベラ　　ザル　　まな板　　ラップ

ジッパーつき保存袋　　めん棒　　抜き型　　爪楊枝　　クッキングシート

材料 作りやすい分量

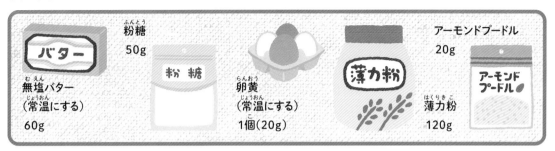

バター
無塩バター
（常温にする）
60g

粉糖
50g

卵黄
（常温にする）
1個（20g）

薄力粉
薄力粉
120g

アーモンドプードル
20g

作り方 30分

生地を休ませる時間をのぞく

1 ボウルに、バターと粉糖を加えてゴムベラで空気を含ませないように練る。

2 1に溶いた卵黄を加えてまぜる。

3 ザルを使い薄力粉とアーモンドプードルを合わせてふるい入れる。

4 粉っぽさがなくなるまで、ゴムベラで切るようにまぜる。

5 まな板に出して、ひとまとまりになりつやがでるまでこねる。ラップに包み、冷蔵庫で一晩休ませる。

6 ジッパーつき保存袋に入れて、3mmの薄さに伸ばす。冷蔵庫で30分ほど冷やす。

7 オーブンは170℃に予熱する。ジッパーつき保存袋を切って生地を取り出し、型で抜く。指で生地を優しく押し出しながら型を外す。

> 生地がやわらかくなって抜きづらくなったらもう一度、冷蔵庫で生地を冷やしましょう。

> 細かいところは綿棒で優しく押し出してみましょう。

8 目は爪楊枝の上の部分で抜く。クッキングシートをしいた天板の上にのせ、170℃のオーブンで5〜7分焼く。

にんじん スティッククッキー

レベル ☆☆☆☆

道具

おろし器

ボウル

ゴムベラ

ザル

ラップ

ジッパーつき保存袋

めん棒

まな板

包丁

クッキングシート

苦手なにんじんも
サクサク
食べられちゃう!

材料 作りやすい分量

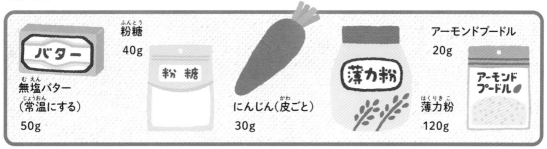

- 無塩バター（常温にする）50g
- 粉糖 40g
- にんじん（皮ごと）30g
- 薄力粉 120g
- アーモンドプードル 20g

作り方 30分
生地を休ませる時間をのぞく

1 にんじんをすりおろす。水気を軽くしぼる。

指をケガしないよう気をつけましょう。

2 ボウルにバターを入れたら粉糖を加え、ゴムベラでしっかりとなじませる。

3 1を加えてよくまぜる。

4 ザルを使って薄力粉とアーモンドプードルを合わせてふるい入れる。

5 粉っぽさがなくなるまで、ゴムベラで切るようにまぜる。

6 まな板に出し、つやがでるまで何回かこねる。ラップで包み、冷蔵庫で一晩休ませる。

7 オーブンは170℃に予熱する。6をジッパーつき保存袋に入れて、めん棒で伸ばす。

8 ジッパーつき保存袋を切って生地を取り出し、5㎝×2㎝幅にカットする。クッキングシートをしいた天板の上にのせ、170℃のオーブンで、5〜7分焼く。

チョコチップ スコーン

レベル ★★★★☆

外はカリカリ&
中はふっくら

道具
包丁

まな板

ボウル

ザル

スケッパー

クッキングシート

はけ

材料 8個分

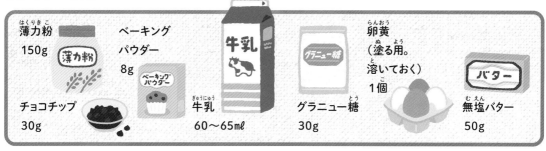

薄力粉 150g

ベーキングパウダー 8g

牛乳 60〜65ml

グラニュー糖 30g

卵黄（塗る用。溶いておく）1個

無塩バター 50g

チョコチップ 30g

作り方 50分

1 バターを1cm角に切り、冷蔵庫で冷やしておく。

2 ボウルにザルを使って薄力粉とベーキングパウダーを合わせてふるう。オーブンは170℃に予熱する。

3 2に、1とグラニュー糖を加え、バターをスケッパーでさらさらになるまで切り、まぜ合わせる。

4 真ん中にくぼみを作り、牛乳を注ぎ入れる。牛乳に粉類をかけながら、切るようになじませていく。

5 まな板の上に出してひとまとめにし、チョコチップを加える。スケッパーで生地を半分に折りたたむ。

6 上からスケッパーでぎゅっとおさえる。

7 90度角度を変えてまた折りたたむ。これをあと2回繰り返す。

8 2cmの厚さの正方形にし、8等分に包丁でカットする（カットした断面を触ると膨らみが悪くなるので、触らない）。

9 クッキングシートをしいた天板の上にのせ、はけで卵黄を塗る。170℃のオーブンで20分焼く。

ブラウニー

レベル ★★★★☆

チョコレートの
おいしさが詰まった、
濃厚な甘さ

道具

耐熱ボウル

電子レンジ

ホイッパー

ザル

ゴムベラ

クッキングシート

材料 18×8×5cm角のスクエア型・1個分

- チョコレート 200g(4枚)
- グラニュー糖 50g
- 無塩バター 100g
- 薄力粉 90g
- 純ココアパウダー 10g
- 卵(常温にする) 2個
- ナッツ・ドライフルーツ 100g

作り方 50分

1

オーブンは170℃に予熱する。スクエア型にクッキングシートをしく。

▶やり方は67ページを見てね!

熱いので気をつけて!

2

耐熱ボウルに割ったチョコとバターを入れて、ラップをせず、電子レンジ(600W)で1分加熱する。取り出してホイッパーでまぜ、今度は30秒加熱する。取り出してなめらかになるまでまぜる。

3

別のボウルに卵を割り入れ、グラニュー糖を加えてホイッパーでよくまぜ合わせる。

4

3に、2を少しずつ加えてホイッパーでよくまぜ合わせる。

5

ザルを使って薄力粉とココアパウダーを合わせてふるい入れる。

6

粉っぽさがなくなるまで、ゴムベラで切るようにまぜる。

7

ナッツを分量の半分だけ加えて、生地につやが出るまで切るようにまぜる。

8

1の型に流し入れ、平らにならし、残りのナッツ・ドライフルーツをちらす。170℃のオーブンで20～25分焼く。焼けたら型から外してあら熱をとる。

型から外すときはクッキングシートの両端を持って持ち上げます。また、あら熱がとれたらラップで包んで、乾燥を防ぎましょう。

バナナとくるみ のパウンドケーキ

レベル ☆☆☆☆☆

バナナと
ナッツの相性は
バツグン！

道具
包丁 　まな板 　ハンドミキサー 　ボウル

ザル 　ゴムベラ 　クッキングシート 　パウンド型 　アルミホイル

材料 18×8×6cmのパウンド型・1台分

無塩バター (常温にする)	薄力粉	ベーキング パウダー	グラニュー糖	バナナ	卵 (常温にする)	くるみ (ロースト)
100g	100g	5g	90g	1本	2個	50g

作り方 80分

1 オーブンは170℃に予熱する。パウンド型にクッキングシートをしく。

▶やり方は67ページを見てね!

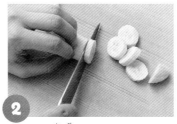

2 バナナを輪切りにする。くるみは大きいものがあったらざっくり刻んでおく。

3 ボウルにバターを入れ、グラニュー糖を少しずつ加える。グラニュー糖が溶けて白っぽくふんわりするまでハンドミキサーでまぜる。

4 卵を溶き、少しずつ加える。卵を加えるたびにハンドミキサーでよくまぜる。

5 ザルを使って薄力粉とベーキングパウダーを合わせてふるい入れる。

6 粉っぽさがなくなるまでゴムベラで切るようにまぜる。

7 バナナとくるみをいれて、生地につやが出るまで切るようにまぜる。1の型に生地を流し入れる。

8 170℃のオーブンで、約40分焼く。30分たったら途中で焼き色をチェックする。完成写真のようなきれいな焼き色がついていたらアルミホイルをかけて残り10分焼く。

焼き色をチェックしたときに、まだきれいに焼けていなければアルミホイルはかけなくて大丈夫です。

型から外すときはクッキングシートの両端を持って持ち上げます。また、あら熱がとれたらラップで包んで、乾燥を防ぎましょう。

ガトーショコラ

レベル ★★★★☆

道具

丸型

クッキングシート

耐熱ボウル

電子レンジ

ホイッパー

ハンドミキサー

ザル

ゴムベラ

溶けないタイプの
粉糖をふりかけて、
フルーツを飾れば
ごうかに！

材料 直径15cmの丸型・1台分

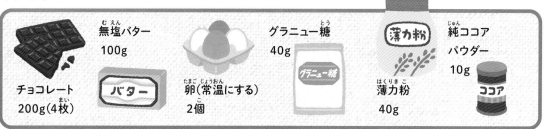

チョコレート
200g(4枚)

無塩バター
100g

バター

卵(常温にする)
2個

グラニュー糖
40g

グラニュー糖

薄力粉

薄力粉
40g

純ココア
パウダー
10g

ココア

作り方 80分

1
オーブンは170℃に予熱する。丸
型にクッキングシートをしく。
▶やり方は67ページを見てね!

2
耐熱ボウルに割ったチョコとバ
ターを入れて、ラップをせず、電
子レンジ(600W)で1分加熱する。
取り出してホイッパーでまぜ、今
度は30秒加熱する。取り出してな
めらかになるまでまぜる。

3
別のボウルに卵とグラニュー糖を
入れ、ハンドミキサーで少し角が
立つまで泡立てる。

4
3に**2**を流し入れ、ハンドミキ
サーでさらにまぜる。

5
ザルを使って薄力粉とココアパウ
ダーを合わせてふるい入れる。

6
ゴムベラに持ち替えて、生地につ
やがでるまでまぜる。

7
生地を**1**の型に流し入れる。型を
ゆすって表面をならす。170℃の
オーブンで35〜40分焼く。

焼き上がりの生地が
やわらかいので、
型のまま
あら熱をとりましょう。

さつまいも チーズパイ

レベル ★★★☆☆

NORDIC HAPPY CHEESE

さつまいもと
チーズで
ほくほくの
あったかパイに！

道具

包丁

まな板

耐熱ボウル

ラップ

電子レンジ

めん棒

スプーン

フォーク

バット

クッキングシート

はけ

材料 8個分

冷凍パイシート
（20cm×20cm・
常温にする）
2枚

クリームチーズ
20g

さつまいも
200g

グラニュー糖
15g

牛乳
小さじ1

卵黄
（塗る用。溶いておく）
1個

作り方 40分

さつまいもは固いので
大人の人に
手伝ってもらおう！

1 さつまいもは皮をむき、1cm幅の輪切りにする。耐熱ボウルに入れ、水に5分ほどさらす。オーブンは200℃に予熱する。

2 水気を切った**1**にラップをする。電子レンジ（600W）でやわらかくなるまで5〜7分加熱して、水気を切る。

3 **2**をスプーンでマッシュし、グラニュー糖とクリームチーズと牛乳を加えてまぜ合わせ、冷ます。

4 パイシートを4等分にしたあと、さらに斜めに切って3角形にする。

5 パイシートを一回り大きくなるようにめん棒でのばし、**3**を包む。

6 ふちをフォークで押して閉じて、真ん中に包丁で切り込みを3か所入れる。バットに並べラップをし、15分ほど冷蔵庫で冷やす。

7 クッキングシートをしいた天板に**6**を並べ、表面に溶いた卵黄を塗る。200℃のオーブンで15〜20分焼く。

ミルフィーユ

> サクッとしたパイに、
> いちごとクリームの
> ハーモニー

道具

包丁　　まな板　　茶こし

材料 約4個分

冷凍パイシート
（20cm×20cm）
1枚

ホイップクリーム
適量

粉糖

いちご
お好みの量

粉糖
（溶けないタイプ）
適量

作り方 35分

1 オーブンは200℃に予熱する。いちごを3等分にスライスする。

2 パイシートを、長方形（4cm×9cmくらい）に切る。

3 200℃のオーブンで**2**を20分焼く。冷ましたら、真ん中に包丁を入れて上下2つに分ける。

4 生地の上にホイップクリームをしぼり、スライスしたいちごをその上にのせる。

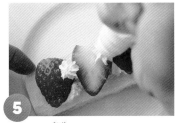

5 いちごの間にホイップクリームを少ししぼる。

6 2つ目の生地を上にのせ、粉糖をふる。

7 生地の一番上にホイップクリームをしぼる。

8 いちごを飾る。

お好みで
ミントを飾っても♪

アップルパイ

レベル ★★★★★

甘酸(あまず)っぱい
りんごたっぷりの
サクサクパイ!

道具

タルト型
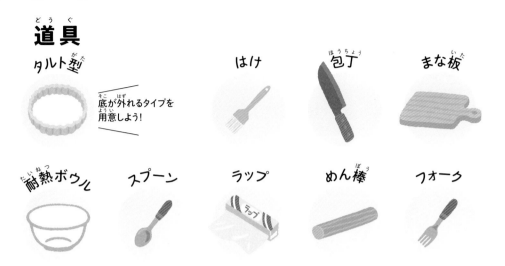
底が外れるタイプを用意しよう！

はけ

包丁

まな板

耐熱ボウル

スプーン

ラップ

めん棒

フォーク

材料 直径18㎝のタルト型・1台分

冷凍パイシート
（20㎝×20㎝・常温にする）
2枚

りんご
1個

グラニュー糖
小さじ2

無塩バター
（常温にする）
少々

クッキー
40g（6～7枚くらい）

シナモン
少々

卵黄
（塗る用。溶いておく）
1個

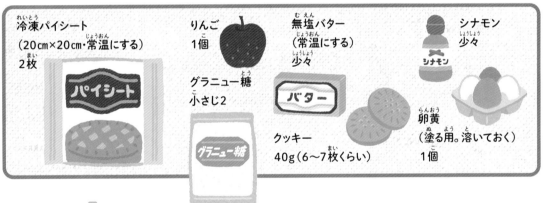

作り方 80分

1 りんごの皮をむき16等分のくし形切りにする。タルト型にバターを薄く塗る。

2 耐熱ボウルにりんごとグラニュー糖を入れざっとまぜる。ラップをし、電子レンジ（600W）で1分加熱する。取り出してまぜたら、同じ温度でもう1分加熱する。

3 取り出してまぜ、また同じ温度で1分加熱する。水気をよく切り、シナモンをふる。あら熱がとれたら、ラップをして冷蔵庫で冷やしておく。

つづきは次のページへ ▶

4 クッキーを砕く。オーブンは200℃に予熱する。

5 冷凍パイシートを1枚置き、めん棒でタルト型より一回り大きく伸ばす。

6 型にしき詰め、めん棒をころがし余分な生地を落としたら、ラップをして、冷蔵庫で10分冷やす。

7 もう1枚の冷凍パイシートを切って、1.5cm幅のものを11本作る。

8 タルト型に割ったクッキーをしきつめ、**3**をのせる。

9 **7**を縦に5本、横に4本のせ、格子状になるように交互に編んでいく。

10 余分な生地を指でおさえて切り落とす。

11 残り2本を30cmの長さに伸ばし、ふちを覆うようにのせ、フォークで押さえる。

12 生地に卵黄を塗る。200℃のオーブンで20分焼いたあと、180℃に温度を下げて15〜20分焼く。焼けたら、しっかりと冷ましてから型を外す。

PART 4
デコレーション
してみよう!

パーティーやイベントごとにはかわいいお菓子が欠かせない。
買ったお菓子でもデコレーションすれば、あっという間にオリジナルに♪
あせらずゆっくりやれば、きっと上手にできるよ。

プリン・ア・ラ・モード

レベル ★☆☆☆☆

フルーツを
いっぱい飾れば
夢みたいな
デザートに♪

プリンは手作りしても
おいしいよ！
作り方は
46ページを見てね

道具

包丁

まな板

材料 1人分

プリン
1個

ホイップクリーム
お好みの量

お好みのフルーツ
（さくらんぼ、いちご、キウイ、
りんご、バナナ、ぶどうなど）

作り方 15分

1 フルーツは食べやすい大きさに切る。

2 お皿の真ん中にプリンを出し、横にホイップクリームをしぼり出す。

3 1のフルーツを飾る。

PART4のポイント

生クリームは泡立てることでどんどん固くなっていきます。
いろいろなお菓子作りに使えるので、ぜひマスターしましょう。

生クリームの泡立て方

1 使用する生クリーム、ボウルは冷蔵庫で十分に冷やしておきましょう。

2 1のボウルよりも一回り大きなボウルに氷水を張ります。その上に冷えた1のボウルを置き、生クリームを注ぎ入れます。

3 ホイッパーをボウルの底に押し当てて直線的に前後に素早く動かしましょう。円を描くような動きだとうまく泡立ちません。ハンドミキサーを使うと楽ちん！

六分立て

生クリームをすくうと、角が立たずにスーッと落ちていく状態です。ムースやババロアなどに使います。

七分立て

生クリームにとろみがつき、泡だて器ですくうことができますが、とどまらず落ちていきます。ショートケーキの本塗り用に使います。

八分立て

生クリームにツヤが出ます。角が立って、先端がやわらかくおじぎするような状態です。ケーキのデコレーションなどに適した固さです。

九分立て

しっかりとした固い角が立ちます。ショートケーキの下塗りやスポンジの間にはさむ用に適しています。これ以上泡立てるとボソボソになってしまい、おいしくないので注意しましょう。

チョコペンの使い方

①

お湯につけて
やわらかくする

チョコペンは常温だと固まっています。お湯につけて軽くもんでやわらかくしましょう。

②

ペン先をカット

ペンの先端をはさみで切り落とします。手前の方を切り落とせば、描く線を太くすることもできます。

③

試し書き

ペン先を切り落としたら、きちんと描けるか一度試し書きをしてみましょう。

フルーツの扱い方

しっかり水気を取る

ケーキにのせるフルーツはきれいに洗って、水気をしっかりと切ります。カットしたところから水分が出るので下に向けてならべましょう。

ショートケーキ

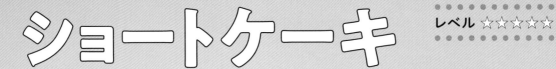

レベル ☆☆☆☆☆

道具
どうぐ

ボウル

ハンドミキサー

ホイッパー

包丁
ほうちょう

まな板
いた

パレットナイフ

回転台
かいてんだい

しぼり袋と口金
ふくろ くちがね

材料 直径15cmのスポンジケーキ・1台分
ざいりょう ちょっけい だいぶん

スポンジケーキ
1台
だい

生クリーム
なま
（脂肪分45%）
しぼうぶん
400mℓ

グラニュー糖
とう
30g

いちご
14〜15個
こ

これが作れたら
つく
一流パティシエ！
いちりゅう

作り方 40

下準備
- スポンジの間に挟むいちご（6〜7個）は、ヘタをとり3等分にスライスする。上にのせるいちご（8個）はヘタだけ切り取る。
- スポンジケーキの厚みを半分に切る。
- しぼり袋に星口金をセットする。

1　生クリームとグラニュー糖をボウルに入れ、氷水に当てながら、ハンドミキサーで六分立てに泡立てる。半量は別のボウルに分け、ホイッパーで九分立てに泡立てる。

2　回転台に、スポンジケーキの生地を1枚のせる。九分立ての生クリームをホイッパーですくってのせ、パレットナイフで広げる。3等分のいちごをしきつめる。

3　その上に、九分立ての生クリームをホイッパーですくってのせ、パレットナイフで広げる。

4　もう1枚の生地を上からのせ、少しおさえる。

5　下塗りをする。九分立ての生クリームをすくってのせ、回転台をまわしながら、パレットナイフで広げていく。側面にも九分立ての生クリームをつけてのばす。

6　本塗りをする。5の九分立てクリームの残りに1の六分立てクリームを加える。ホイッパーで混ぜ七分立てにする。ホイッパーで上にたっぷりのせ、パレットナイフを当てて回転台を回しながら平らにする。

7　側面にも生クリームをつけて、パレットナイフを当てて回転台をまわしながら塗っていく。

8　ふちの飛び出た部分は内側にはらうように整える。ケーキの下にパレットナイフを差し込み、皿にうつす。

9　ボウルの中にあまっている生クリームをホイッパーで八分立てにする。しぼり袋に入れてケーキをデコレーションし、いちごを飾る。

デコレーション カップケーキ

レベル ☆☆☆☆☆

デコレーションすれば
かわいく大変身♡

道具

ハンドミキサー

ボウル

しぼり袋と口金

材料 3個分

カップケーキ	バタークリーム		トッピング
3個	無塩バター（常温にする） 100g	グラニュー糖 30g 卵白 1個分	いちご、さくらんぼ、カラーシュガー、アラザンなどお好みで

作り方 20分

お湯に当てると
しっとりしたメレンゲに
仕上がりやすい！

1 バタークリーム｜ボウルに卵白を入れる。ボウルの底をお湯（50〜60℃くらい）に当てながら、ハンドミキサーで軽く泡立てる。

2 グラニュー糖を3回に分けて入れながら、そのたびに泡立て、固めのメレンゲをつくる。お湯から外して冷ましておく。

3 別のボウルでバターをクリーム状になるまでハンドミキサーで泡立てる。

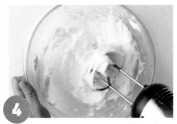

4 **3**に、**2**のメレンゲを3回に分けて入れて、そのたびにハンドミキサーで泡立てる。

5 しぼり袋に口金をセットし**4**をしぼり袋に入れて、カップケーキにしぼる。
▶やり方は15ページを見てね！

6 お好みでトッピングする。

パウンドケーキ

レベル ☆☆☆☆☆

かんたん
アイシングで
お店(みせ)のケーキが
できあがり！

道具

ボウル 　　スプーン

材料 パウンドケーキ・1台分

パウンドケーキ
1台

ナッツ・ドライフルーツ
お好みで

アイシング
粉糖
30g

粉糖

レモン汁
小さじ1+1/2

作り方 10分

アイシングが
固まるまで
動かさないように
しましょう。

1 アイシング｜粉糖とレモン汁を合わせ、かきまぜる。

2 パウンドケーキに**1**のアイシングをかける。

3 ナッツとドライフルーツを飾る。

くまさん
クッキー

レベル ★★★☆☆

イラストを
描くように
かわいい顔に
仕上げよう♪

道具

コップ　　　　はさみ　　　　バット　　　　爪楊枝

「くまさんクッキー」は
74ページの
型抜きクッキーを
使ってもいいよ。

材料 作りやすい分量

| くまさんクッキー | チョコペン（茶、白、赤）各1本 |

作り方 15分

1 チョコペンを40〜50℃のお湯につけてやわらかくする。

2 先端をはさみで切る。

3 バットなどの上に試し書きする。

4 茶色で目と手を描く。白色で鼻を描く。チョコレートが固まったら、白い鼻の上に茶色で鼻先を描く。

5 赤色でリボンを描く。首元に3か所、点を描き、3つの点をつまようじでつなげるとリボンになる。

フルーツタルト

レベル ★★★☆☆

フルーツいっぱい！
かわいいタルト♡

道具

耐熱ボウル　ホイッパー　ザル　電子レンジ　ラップ

包丁　まな板　スプーン　菜箸　はけ

材料　直径15cmのタルト台・1台分

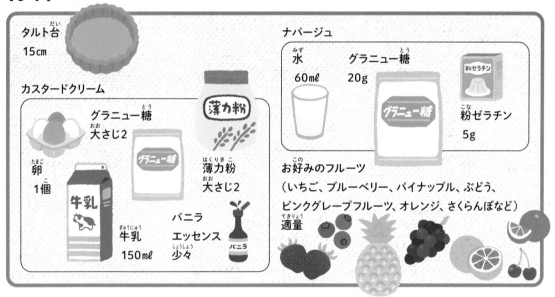

タルト台
15cm

カスタードクリーム

グラニュー糖
大さじ2

卵
1個

薄力粉
大さじ2

牛乳
150ml

バニラ
エッセンス
少々

ナパージュ

水
60ml

グラニュー糖
20g

粉ゼラチン
5g

お好みのフルーツ
（いちご、ブルーベリー、パイナップル、ぶどう、
ピンクグレープフルーツ、オレンジ、さくらんぼなど）
適量

作り方　20分　カスタードクリームを冷やす時間をのぞく

1

カスタードクリーム｜耐熱ボウル
に卵を割り入れ、グラニュー糖大
さじ2を加えてまぜる。

2

ザルを使って薄力粉をふるい入れ
てまぜる。牛乳を加えてさらにま
ぜる。

3

ラップをせず、電子レンジ（500
W）で1分加熱したら取り出して
よくまぜる。

つづきは次のページへ▶

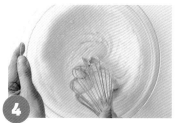

4 同じ温度で1分加熱し、取り出してまぜる。さらにもう1分加熱し、よくまぜる。バニラエッセンスを加えてラップをし、あら熱がとれたら冷蔵庫でしっかりと冷やしておく。

5 フルーツを食べやすい大きさに切る。

6 ナパージュ|水とグラニュー糖20gをまぜ、電子レンジ（600W）で1分加熱したあと、粉ゼラチンを入れてまぜる。あら熱をとる。

7 タルト台に、**4**のカスタードクリームを流し込む。

8 フルーツを並べる。

9 **6**のナパージュをはけで塗る。冷やして完成!

大好きなおともだちにプレゼント!
かわいくラッピング

③

バレンタインデーに
ぴったり!

ブラウニーを包んでみたよ!

▶作り方は80ページを見てね

準備するもの

フタつきの紙製の箱

透明フィルム袋

アクセサリーつき輪ゴム

レースペーパー

テープ

❶透明フィルム袋にブラウニーを入れてテープでとめる。

❷箱に①を入れます。

❸フタを閉じ、上部にレースペーパーを置きます。

❹コースターの上から輪ゴムをかけます。

かわいいスイーツドリンク

ドリンクとスイーツのいいとこどり♪

チョコレートシェイク

濃厚なチョコレートの風味と
ふわりとしたクリームがお菓子みたい

材料 1人分

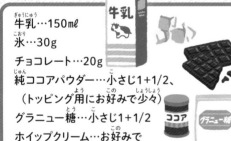

牛乳…150㎖
氷…30g
チョコレート…20g
純ココアパウダー…小さじ1+1/2、
　（トッピング用にお好みで少々）
グラニュー糖…小さじ1+1/2
ホイップクリーム…お好みで

作り方

❶ホイップクリーム以外の材料をミキサーでまぜる。
❷グラスに注ぎ、ホイップクリームをしぼる。トッピング用のココアパウダーをお好みでふる。

ラッシー

さわやかなヨーグルト＆レモンに
甘いはちみつで夏にぴったり

材料 1人分

プレーンヨーグルト（無糖）…100㎖
牛乳…100㎖
はちみつ…小さじ2
レモン汁…小さじ2
レモン…お好みで

作り方

❶はちみつにレモン汁を加えよくまぜる。
❷牛乳を少しずつ加えながらまぜ、ヨーグルトも加えてまぜる。
❸お好みでカットしたレモンを添える。